Die Weihnachtsfeier

Samenkorn

Kennt ihr die Hoffmanns aus der Waldstraße? Das sind Tim, Susi, die kleine Lisa, Papa, Mama und die Oma Lotte. Sie wohnen in einem hellrosa Haus ganz nahe am Wald. Am Waldrand ist ein schöner Spielplatz. Da gibt es eine grüne Rutsche, eine Schaukel und einen Sandkasten. Die Kinder freuen sich immer, wenn Oma Lotte mit ihnen auf den Spielplatz geht.

„Tim, Susi! Na ihr Langschläfer, ihr verpasst ja alles auf der Welt! Schaut mal aus dem Fenster!“, ruft Mama. Tim vergräbt den Kopf unter der Decke. Susi springt wie der Blitz aus dem Bett. Sie zieht die Gardinen zur Seite.

„Juhuu! Schnee!“, freut sie sich und klatscht in die Hände. Tim ist in einem Nu wach.

„Mama, dürfen wir zum Spielplatz? Wir wollen unseren neuen Schlitten ausprobieren!“

„Ja, natürlich! Gleich nach der Morgenandacht und dem Frühstück!“

Tim und Susi holen den Schlitten aus der Garage und laufen zum Spielplatz. Da sind schon viele andere Kinder.

„Hallo Tim! Hallo Susi! Baut ihr mit mir einen Schneemann?“, ruft Christian.

„Au ja!“ Tim und Susi sind begeistert.

Bald steht ein großer Schneemann auf dem Spielplatz und schaut die Kinder lustig an.

„Hoffentlich bleibt der Schnee bis Weihnachten liegen!“, sagt Christian. „Weihnachten ohne Schnee ist langweilig.“

„Langweilig?! Wir kriegen an Weihnachten immer Besuch!“, sagt Jannik. „Dann ist bei uns ganz viel los!“

„Aber Mama findet Weihnachten stressig“, fügt seine Schwester Janina hinzu. „Da muss sie die ganze Zeit kochen und backen und putzen.“

„Meine Eltern haben schon Geschenke gekauft und in der Garage versteckt. Hoffentlich kriege ich einen neuen Puppenwagen“, träumt Meike.

„Wir haben schon Weihnachtsbaumschmuck in Lila gekauft. Dies Jahr werden wir einen ganz großen Tannenbaum kaufen, und wir dürfen beim Schmücken helfen“, erzählt Janina.

„Ich habe Omi schon beim Plätzchenbacken geholfen“, sagt die kleine Emily stolz.

„Und meine Mama macht den besten Weihnachtsbraten der Welt“, prahlt Christian.

„Früher waren wir mit Oma immer an Weihnachten in der Kirche. Aber jetzt ist sie krank und da gehen wir nicht mehr hin“, sagt Jannik.

„Ich war noch nie in der Kirche“, sagt Christian. „Aber ihr geht da ganz oft hin, oder, Tim?“

„Ja, jede Woche! Und am Besten ist die Sonntagschule. Da erzählt uns Tante Renate immer spannende Geschichten aus der Bibel“, sagt Tim.

„Und an Weihnachten haben wir eine richtige Feier!“, ergänzt Susi.

Da hat Tim eine Idee. „Wollt ihr auch zu unserer Weihnachtsfeier mitkommen?“, fragt er.

„Au ja! Ich frag meine Mama, ob ich darf“, meint Christian.

„Ich auch! Ich auch! Ich auch!“, rufen die anderen Kinder.

Endlich ist es Heiligabend. Um vier Uhr ist die Weihnachtsfeier. Tim und Susi freuen sich sehr. Jannik, Janina, Christian und die kleine Emily kommen mit.

Der große Sonntagsschulraum ist mit Tannenzweigen und Kerzen geschmückt.

„Guck mal, Tante Renate, das sind meine Freunde“, sagt Tim.

Tante Renate drückt jedem herzlich die Hand und sagt: „Schön, dass ihr gekommen seid!“

Zuerst singen sie zusammen einige Weihnachtslieder. Dann steht Tante Renate auf, begrüßt die Kinder und sagt: „Wir wollen jetzt beten."

Alle Kinder stehen auf, falten die Hände und machen die Augen zu.

„Danke, lieber Vater im Himmel“, sagt Tante Renate, „dass Du uns liebst und uns von unseren Sünden befreien willst. Danke, dass Jesus auf diese Erde gekommen ist, um für uns zu sterben. Danke, dass wir heute Seinen Geburtstag feiern dürfen und dass so viele Kinder zu dieser Feier gekommen sind. Bitte segne uns! Amen.“

„Ich habe euch heute was mitgebracht“, sagt Tante Renate. Sie hebt ein Bild in einem schönen Rahmen hoch. „Das ist ein altes Foto von unserer Familie“, erklärt sie. „Dieses kleine Mädchen bin ich. Das sind meine Geschwister Ulrike und Georg. Und das Baby ist mein jüngster Bruder Frank. In der Mitte sitzen meine Eltern.“

„Bei uns hängt auch ein Familienbild im Wohnzimmer“, sagt Susi.

„Bei uns auch!“, rufen einige andere Kinder.

„Und der Rahmen? Gefällt er euch auch?“, fragt Tante Renate.

„Naja, der ist auch nicht schlecht“, meint Tim.

Da nimmt Tante Renate das Bild aus dem Rahmen heraus. In der linken Hand hält sie das Bild und in der rechten den Rahmen.

„Wie meint ihr“, fragt sie, „was ist wichtiger: das Bild oder der Rahmen?“

„Natürlich das Bild! Man hängt ja keinen Rahmen ohne Bild an die Wand!“, lacht Christian.

„Du hast Recht, das Bild ist das Wichtigste. Der Rahmen schmückt nur das Bild“, sagt Tante Renate. „Ohne Bild ist der Rahmen sinnlos. Oder?“

Alle Kinder nicken.

Tante Renate hängt einen großen Bilderrahmen an die Tafel.

„Was ist das Wichtigste an Weihnachten?“, fragt sie.

„Die Geschenke, ist doch klar!“, ruft Jannik.

Tante Renate klebt ein Bild mit einem Stapel von Geschenken an den Rand des Rahmens.

„Ich mag am liebsten den Weihnachtsbaum“, sagt Emily. „Da ist immer so schöner Schmuck dran.“

Jetzt kommt ein Bild mit einem Weihnachtsbaum auf den Rahmen.

„Bei uns gibt’s immer leckeres Essen“, sagt Christian. „Weihnachtsbraten!“

„Ich mag es, wenn wir ganz viele Kerzen anmachen“, sagt Janina träumerisch.

„Ich freue mich auf die vielen Weihnachtslieder, die wir am Heiligabend singen“, meint Susi.

„Ich mag den Weihnachtsmann, der sieht so lustig aus“, sagt Jannik.

Tante Renate klebt immer ein passendes Bild auf den Rahmen.

„Schaut mal“, erklärt sie, „jetzt haben wir hier einen Weihnachtsrahmen zusammengestellt. Der sieht ganz schön aus. Aber das Bild fehlt noch. Und das Bild ist doch das Wichtigste, habt ihr vorhin gesagt. Wo finden wir denn jetzt unser Weihnachtsbild?“

„Natürlich in der Bibel!“, ruft Tim.

„Richtig“, lächelt Tante Renate. „Wisst ihr, warum wir eigentlich Weihnachten feiern?“

„Weil dann der Weihnachtsmann kommt“, sagt Emily.

„Nein, weil da Jesus Geburtstag hat“, flüstert Susi.

„An Weihnachten feiern wir Geburtstag“, sagt Tante Renate laut. „Und das ist kein gewöhnlicher Geburtstag. Wir denken an Weihnachten daran, dass Gottes Sohn auf die Erde gekommen ist. Soll ich euch die Geschichte davon mal erzählen?“

„O ja!“, ruft Janina. „Ich mag Geschichten!“

„Gott hatte den Menschen schon lange versprochen, dass Er jemanden ganz besonderen zu ihnen schicken würde. Er wollte den Menschen helfen, damit sie nicht mehr böse zueinander sind, sondern einander lieb haben“, erzählt Tante Renate.

„Und damit sie an Gott glauben, oder?“, ruft Paul dazwischen.

„Ja, genau. Und dafür hatte Gott einen ganz besonderen Plan.“

„Was für einen?“, fragt Janina gespannt.

„Ich weiß es schon“, flüstert Susi.

„Psst“, sagt Christian.

„Genau das will ich euch erzählen“, sagt Tante Renate.

„Gott schickte zuerst einen Engel auf die Erde zu einer jungen Frau namens Maria. Sie wohnte in Nazareth und war verlobt mit einem Mann namens Josef. Sie wollten bald heiraten. Der Engel sagte zu Maria: ‚Hab keine Angst. Gott hat dich gesegnet. Du wirst bald einen Sohn bekommen. Der wird kein gewöhnliches Kind sein, sondern Er ist der Sohn Gottes.' Das war eine Überraschung für Maria. Sie sollte die Mama für den Sohn Gottes werden! Maria erzählte es Josef. Die beiden glaubten an Gott und waren bereit, den Sohn Gottes in ihrer Familie aufzunehmen."

„Eines Tages sagte der Kaiser, dass alle Menschen in ihre Heimatstadt gehen und sich dort in eine Liste eintragen sollten. Deshalb machten sich Josef und Maria auf den Weg. Sie gingen in ihre Heimatstadt Bethlehem. Damals gab es noch keine Züge und Autos. Das dauerte sehr lange. Als sie dort ankamen, waren sie sehr müde. Aber es gab keinen Platz für sie in den Gasthäusern, weil viele Menschen aus anderen Städten gerade in Bethlehem waren. Sie hatten alle Plätze besetzt.“

„Das war aber gemein!“, ruft Christian. „Ich hätte sie zu mir ins Haus gelassen.“

„Was haben sie denn dann gemacht?“, fragt Janina.

„Außerhalb der Stadt gab es einen Stall für die Esel, Schafe und Kühe. Da gingen sie hin. Und in diesem Stall geschah etwas ganz Wunderbares!“

„Was denn?“, fragt Emily mit weit geöffneten Augen.

„Dort in dem kleinen Stall wurde der Sohn Gottes geboren! Die meisten Menschen bekamen es gar nicht mit. Aber Josef und Maria freuten sich sehr darüber.“

„Die Geschichte geht noch weiter“, sagt Tante Renate. „Es gab noch ein paar andere Menschen, denen Gott dieses wunderbare Geheimnis verriet. Auf dem Feld vor der Stadt saßen ein paar Hirten und passten auf ihre Schafe auf. Es war ganz dunkel und stille. Aber plötzlich schreckten sie auf. Mitten in der Nacht wurde es ganz hell. Sie sahen einen Engel, der zu ihnen sagte: ‚Habt keine Angst! Ich habe eine frohe Nachricht für euch. Heute ist der Retter geboren, auf den die Menschen so lange gewartet haben. Er ist hier in Bethlehem in dem Stall!‘ Und dann fing ein ganzer Engelchor an zu singen. Es war ein wunderschönes Lied zur Ehre Gottes.“

„Ich kenne das Lied“, sagt Susi. „Singen wir das, Tante Renate?“

Alle Kinder stehen auf und dann singen sie zusammen: „Ehre sei Gott in der Höhe!“

Dann erzählt Tante Renate weiter: „Jetzt waren die Hirten nicht mehr müde. Sie sprangen auf und rannten zu dem Stall. Dort fanden sie Maria und Josef und das kleine Baby in der Krippe. Dieses Kind war Gottes Sohn, der in die Welt gekommen war!“

„Da haben die sich aber riesig gefreut!“, sagt Emily. Sie strahlt ganz glücklich.

„Das war eine schöne Geschichte“, seufzt Janina.

„Schaut euch nochmal unser Weihnachtsbild an“, sagt Tante Renate. „Was gefällt euch besser, der Rahmen oder das Bild?“

„Das Bild!“, rufen die Kinder.

„Damals, bei diesem ersten Weihnachtsfest gab es auch noch keine Weihnachtsbäume, keine Geschenke, keine Plätzchen und Kerzen. Das Schönste an diesem Weihnachten war, dass Gottes Sohn auf die Erde gekommen war. Darüber wollen wir uns auch heute an unserem Weihnachtsfest freuen", sagt Tante Renate.

„Singen wir jetzt noch ‚Ihr Kindelein kommet'?", fragt Susi.

„O ja, das kenn ich auch", sagt Emily.

Nach dem Lied sagen die Kinder ihre Gedichte und Bibelverse auf. Zum Schluss gibt es für jeden noch eine Überraschung: eine Tüte mit Süßigkeiten und eine CD mit einer Kindergeschichte.